Carolin Callies

fünf sinne & nur ein besteckkasten

Gedichte

Schöffling & Co.

für Sebastian

Erste Auflage 2015
© Schöffling & Co. Verlagsbuchhandlung GmbH,
Frankfurt am Main 2015
Alle Rechte vorbehalten
Abdruck der Zitate auf S. 5 mit freundlicher Genehmigung aus:
Friederike Mayröcker, *Und ich schüttele einen Liebling.*
© Suhrkamp Verlag Frankfurt am Main 2005 und aus:
Michel Serres, *Die fünf Sinne. Eine Philosophie der Gemenge
und Gemische.* Übersetzt von Michael Bischoff.
© Suhrkamp Verlag Frankfurt am Main 1993.
Satz: Fotosatz Amann, Memmingen
Druck & Bindung: Pustet, Regensburg
ISBN 978-3-89561-448-4

www.schoeffling.de
www.carolin-callies.de

»mein Leben ist nicht von Gold, sagt EJ, aber es hat doch einen Wert, wenn es zu Ende geht, verabschiedet sich das Auge vom Ohr, die Nase vom Mund, die Hand von den Armen und dann zerbricht das ganze Konstrukt, so EJ (…).«
Friederike Mayröcker

»Die Konstruktion des Körpers gleicht der Erfindung des Einhorns.«
Michel Serres

»blood makes noise«
Suzanne Vega

der körper ist ein geschichtenband

hier liegt ein punkt, von dem gehn fünf finger los
& kehren nur noch drei zurück.
was allseits vom fuß in den magen geriet:
wir erzählen's im ziehn von tentakeln

& erzählen vom schweiß als vollem gefäß,
vom rausbrechen der fußstücke als leichtester übung.
wir trocknen die haut am stück
& hängen sie in beuteln auf, erzählen wir's also in beuteln

& wo landen die beutel, auf den abort getragen?
in der tonne, in 'nem becher oder einem spucknapf gar?
in buchattrappen, vollen kehlen? wir haun darauf.
im losen, glaub's mir, hörn die geschichten tentakelärmlig auf.

I.
wenn's im mund also nach etwas riecht

eintrag im handbuch der versehrten (s. räude, s. krätze)
führ es dem körper zu, füg es dem körper zu,
führ es dem körper ein & scheide es aus. merke: es existiert kein gesicht.

mir wurde, es war mal, räudig ums maul.
drum fehlt nun die anzahl an backen, um kauen zu können.
doch, ach, behalf ich mir mit fleisch,
das hinten, das vorne & aller leib dazwischen war
& muskelrelevant.

ich hatte, es war mal, 'nen tüchtigen körper,
eine bloße, eine schlichte epidermis.
jetzt fehlt mir der wille zur pflege der zähne
& zum gehorchen der körperöffnungen & sehnenstränge.
es sind derzeit, ach, so viele freie plätze in der physis.

was ich für schwefelsäure hielt, war ein graben fauler mägen.
wir boten uns die mägen an & schlugen sie uns tüchtig aus
& übrig blieben bloß noch die farbigen wundränder.
ein magres stück kot, so war's mal,
ist am schluss stets günstig zu haben.

vom logieren innerhalb eines fleischfarbenen lappens

du sammelst im becken eine gangbare menge an flüssigkeit,
die wieg ich unter pastengerbenden mundtastungen ab

& im gähnen trieft das dann. damit ließe sich auch was verschicken:
ich tränkte es, frankierte es & schmeckte es süß ab.

doch alles, was ich wollte, war dich brunftbefunden,
aber mehr als ein gähnen ist da nie draus geworden.

wenn's im mund also nach etwas riecht: nach einem wendwerk,
einem kehlen, einer seifigen lösung – – –
die dir gelingenden formen aus speichel sind grotesk.

schindung, somatisch

ich habe einen rest hohlkrustiges unter deinen nägeln gefunden.
das ließe sich abmachen, als feldforschnes material.

allein dein körper übt sich synthetisch aus.
da lohnen sich regelmäßigkeiten:

die grundhygiene aufrecht zu erhalten zum beispiel
& die haut als schlachtfeld betrachten

oder als kanonisches bindwerk, das du aufscheuerst –
darunter liegen die salben aus alten beständen

& wenn das lose granulatformat, das du bist,
ein wanken bleibt, ein schieben, dann geht das fehl.

der verknappung jeden zeitlichen mittels ein recht einräumen

am letzten tag, ich sag's dir heut,
werd ich mich nicht mehr waschen.
du ahnst es längst, ich riech danach
& riechen ist verschwendet.

in alten sommern sah's so aus:
wir wuschen stets das gleiche.
wir rochen heimlich fingern nach
& sahen dem vermehren zu.

ich sag's dir heut:
ein wenig nass, das seh ich mir am letzten tag,
am letzten tag da seh ich's mir von oben trocken an.
& heut sitzt du in meim urin, du hast es längst geahnt, my dear.

trockenübung

wir üben das totsein an alten maschinen
& brauchen dazu 1 hund & 2 fliegen
& finster sitzt da ein männlein dabei:

es sitzt auf seinen groben stümpfen
& überwacht die module am laufenden band,
die öffnen & schließen beliebig die türen

& lassen massenhaft rechnungen raus:
belief sich die summe jeder je gestellten rechnung
auf 1 hund & 2 kräftige fliegen,

die zu begleichen einem komitee
aus nahtoten männern zukäme, griente der greis
& wir üben an eimern & ordnern das sterben von vielen.

ich hab dir nägel angesehn

was schrafft dort am kiesgrab
ein grasbefund, scheurig,
der närbt sich, der färbt
bankberücktes, das holz blättert ab?

wo liegt dieses pforten am hals?
es grub sich dir heimlich
holzmasernd hautunter
& war zuvor holznarbengroß

& fährt dir ein schären darüber? – –
was trocknet &
was feucht bleibt,
das fällt dir früh vornüber.

das pflügen von haut

der duschvorhang brämig
& brennnesselschämig der arm, der leckt.

wachwundes als schorf & scham, die versandet & leim,
der krustet & schurft in eimern sich aus,

der rindet sich fäulend ins becken hinab.
der saum, ockereitrig, als wär's bloß urin.

abgetragen

I.
du trugst bandgeschornes
um hochfahrne stirne,
die wenden sich dir am ohr einmal um.

warn's schließbewöhnt linsen
& schmal hing daneben das backenglied,
löchrig & beutelbefeuchtet.

geflossenes klemmt dir die nassbinde ab ––
& im hals das geschabe aus luft
& der schluck sitzt nach wie vor

& wieder: der husten, die münder,
die falln ineinander
(lungenzügig).

das rechnet dir meterlang tretfleisch heraus
& stränge, gewebe hebst du dir auf,
damit's ihnen ähnlich den adern ergehe.

II.
nun nimmt sich das wunder
& salbengetragen,
als trüg dir die stirn jemand kleinteilig ab.

da fehlen schon finger
(& der schorf treibt halbhändig um)
& laugt sich das wundfleisch vom becken her aus.

was riecht es dir über
& über den spann?
– – –, lass es einen geruch sein.

die staubquote

I. *abstract*
es lässt sich immer mehr abputzen, als da ist;
immer mehr fenster wischen, als das haus türen hat.

dabei erübrigt sich doch,
was nach tagen noch am boden haftet.

der idee liegen die flure zugrunde
& flure warn alles, was dir noch blieb.

II. *artikel*
das wäscheaufhängen war eine linie aus eisen.
eine seife lang & essig & tücher gab's en masse.

das alles in hinterhöfen aus zu wenig sand & dieser geruch
& den essig hatt ich ja schon erwähnt.

III.
haste beete, haste kresse, haste blumen im beet.
dem folgten die hennen am bergrand, du kennst das

& streust körner in die mulden. verhieße:
im tiefer liegenden teil des verschlags den hähnen nachstellen

IV.
& die hähne schrien nach maikäfern & rüben
& wirbelten staub auf & späne im gehege.

aber nicht mal das gönntest du den spatzen:
den span nicht

& erst recht nicht den rest brot.
dabei hättest du es ihnen an die leine hängen können.

II.
das lecken beginnt mit dem fahrschein

öffentliche verkehrsmittel

du fährst mit dem zug ins bordell,
denn offene münder erlauben da viel.
das lecken beginnt mit dem fahrschein
& du klebst post-its an zu leckende stellen.

vor ort ragt ihr die hälse ineinander wie blöd.
wir malen dir zuvor brüste auf, gelenkige brüste
& wenn du willst, auch ein krauses stück fleisch.

vorab aber entfernen wir die speisereste aus deinem mund
& die rosinen im zahnzwischenraum
& während wir dem schaffner winken,
lecken wir zumindest noch an deinen zähnen.

dir & dem feuchten

jetzt lass mal, verdammt. wir nehmen das pflaster
& kleben es über den fluss.
nebendran liegt ein massiges mundspiel,

das zweite & hemden genässt
& mir kommt diese nässe abhanden.
da lagen felle in den augen.

wir gaben einander den fuß & den mund;
der mund zuckte & lutschte an sich selbst
& ich trink dir den finger, das einzig magere ding an dir

& die augen bleiben behältnis.
zwei stellen brechen gleichzeitig auf.
wir legen das den küssen nahe:

die feuchten etagen zwischen zähnen & kronen
& du fragst: war das noch geschlechtsorgan
oder doch schon trockenobst?

wir wollten einen fluss draus machen,
wir machten eine wunde draus.
müde ist nur ein wort, müde ist nur ein auge,

das beauftragen wir wieder am montag,
wenn die tonnen draußen stehen.
du wirst mich müde erhalten & wir verschlafen das bestimmt.

zwei enden eines jedweden stranges

wir glaubten gehörig an brosamenspiele
& aßen unlängst die hand voller brühe
& astronautenkost im ausgleich dazu

bis hin zu neuen versprechungen:
ich wollte dich da & du wolltest mich da.
ach, lass: wir zögerten nie, uns mit blut zu bewerfen

& boten uns gar ganze zyklen von an
& kniffen uns bieder im eiskalten wasser
& kneipten beizeiten.

wir wussten wie stets:
wir hatten uns einfach zu oft gewaschen.
die lippen sind ein seltsamer lappen

& dort, wo sie öffnen, da liegn sie heut noch
& setzen flüssigkeiten frei.
wir zierten uns nie in den fleischkohorten

& werkten das ganze als gipsmon-/fraktur
& tauften das torso & übten gar eifrig
& nimmerzu müde die münder daran.

worin wir uns auskennen

I.
wir pressen das öl aus, darin unsre leiber,
wir malen uns gelb an, daran unser halm.
wir essen die gräser, wir lassen uns essen
& legen uns in die matratzen wie einst.

II.
wir meinten eine lärchenstunde, eine krötenschleuder
(seltenes gras in den fenchelfeldern)
& steckten salate
& nur in den salaten warn wir meisterschüler.

morgenhalfter, am feldplatz

I.
das sprechen schmeckt nähtig,
als träfe gleich ein schreiben ein.

du riechst nach haaren &
nach verlinstem buhlen.

behört liegt dein schambein
am nachtzuber

& presst sich alles
in die eine zollstockhohe hand.

II.
es mehren sich die stimmen,
die den wald & den feldrain austragen gehen wollen.

felgig hast du uns dem platz vorgeführt,
vermästet liegt's beil, das schont den holzbestand.

nein, leuchten tut das feuer nicht, nur licht gibt's ab.
so gehen wir also & trennen endlich unsere finger auf.

gehäutet schmecken die dinge
noch einmal so warm.

morgensonate

kantges auge[1].
ich gehe haarern & schwer am gesicht
ins lehmbad – paletten aus iris &
tönern der mund, der mault in laumilchen schritten.

der tag, der krummt schon &
strickt die haut in krumen[2]
& handverschmiert das brickne zubehör
am losen tubensaum

& was du trägst, das nähst du den nebendrähten aus[3]
& ist's der (fieberhurten) schweiß,
dann bleibt noch die stirn & die wangen stehn tief & gut[4]
& die fundenen hände am kamm.

---

1 das trocknet am morgen, das liegt
2 & in formen die nägel
3 (schnittmuster)
4 (doppelknöpfern)

dem waschbecken

I.
das könnte 'ne burlesque sein.
das könnt ein stück veloursschnur sein
nach sprüngen in der schüssel
des frisch getünchten beckens.

II.
was du in die ausgekühlten & vergarten,
in die falschen schalen stecktest. sag's doch:
es lagen maden in der suppe. wir schmissen drum die teller weg
& labten fadenscheinig reste vom emaillerand am boden.

III.
du schliefst im sommer laut.
eine fleißarbeit, dich & die salben einzusammeln
& nachts, da lag dir stets was im bett.

das war das leder (oder war es das holz)
& sonst tratest du öfters nackt an die tür
oder tratest du gar nicht erst ein.

IV.
waschen ist 'ne letzte übung & drin liegt ein ideenroman:
die lumpen befeuchten / die seife entkernen / & sich mit benetzen.
wir wuschen drum (& arm an naht)

die müden handprothesen
& wrangen still & schweigend aus,
was nicht kaschiert werd'n konnte.

die tour blieb linkisch, schlüpfer zu verwerfen.
der glich dir mehr & mehr, als slips es sonst gewöhnlich tun,
& glich einem auffangbecken.

griess // schließmuskelsong

I.
eine gänzlich falsch gestellte frage: wohin das alles fließt.
weichen & kippschalter, rohre, rohre, rohre, wo's oder
was sie lagern: ineinander ein, aneinander ab.
bleibt bloß kalk als rückstand

II.
& was noch übrig bleibt im speicheltönigen mund,
das mahlt & zerreibt in einem fort.
vorm kauen graut mir
& vorm spuckenvoll tiefgeweichtem

III.
& hier, in genau diesem mund, eine ahnung vom seehabenen.
alle anleihen an flüssigkeiten, alle leitungen
& spülungen & das schlucken erst!
der ekel liegt in den flocken der milch.

tee nicht & wasser nicht,
mehl nicht & ebendrum keine milch.
überbewertet sind die tasse, die kanne,
die behälter an sich

IV.
& wann setzt der urin jetzt dem sprechen ähnlich aus?
einen pfandbrief drauf, dass er's tut!
er floss früher in strömen, im schleusenrhythmus,
& nun löst er sich instant auf.

unrat

wenn man stürbe & man stürbe nie,
dann tränke man schorle aus mannshohen gläsern
& äße ein laibchen von knietiefem brot.

'ne menge an unrat läg da am schluss. wir holten ihn raus
& nähmen ein wasser & nähmen 'ne kelle
& schöpften die liter an unrat heraus,

der flösse in unratgesättigten rohren,
aus denen wir einstmals gekommen waren
& während wir das täten (= die liter laufen ließen),

gingen die lebbaren hälften um.
die sängen was andres. wir sängen vom sterben
& trügen 'ne flasche voll spucke mit uns

& trügen sie einmal mehr um das eck
& leerten den unrat für niedrige summen
immer wiederkehrend aus.

delirium

du lagst im rinnsal voll betrunkner linker hände.
dein vollgesognes kinn war kurz,
mansardenartig gar & oftmals menschenleer.
wir wollten nichts trinken & tranken ein jedes.

im suff erging sich das buttern am mittag / das essen von dübeln
& lichtscheue wesen unter deinem auge.
hast du bettzeug, linksgewendet? hochgewürgt ein fellchen.

ich kehrte samt & sonders in deine kehle zurück,
ein kriechen in maßen. das ernten blieb ein stückchen holz
(im winter soll's der ofen holen
– wir trinken kreide & frieren nicht), woraus schnaps zu machen wäre.

schälbar warn noch die kartoffel & der rettich.
wir ernteten schalen, als seien sie trinkbar.
wir brannten den schnaps für auslagen im fenster.
in deinem gähnen wohnte jemand, der wohnte da ausdauernd,

erzählte dabei: *in flaschen ereignen sich dinge & in ihren hälsen …*
wir scherzten einander die mundkehlen zu. war das am morgen?
wir aßen, wir ließen's & konnten es nicht minder.

ist das ein mund hinter deiner hand?
ist das eine mansarde,
in der betriebst du geschichten in beuteln,
in würfeln & wir tranken's von den untertassen?

weißtrognes als köder am nachmittag

I.
du hast dir milchhaut angekocht
& mochtst sie doch nicht trinken.

ihr datum, das verfällt so schnell,
so großgedruckt du's drucktest.

man hat's ihr bloß nie ansehn wolln,
so sauer in den töpfen.

II.
du kanntest beeren, die ohne namen blieben
& du schnittst sie in konserven fest.

sie hielten nie & platzten gern
& gingen oft zu boden.

wir wollten sie essen & juckend unter hälse stecken
& aßen doch nur birkenreisig & tranken kalte milch dazu.

muttertag

deine folgsame mutter ist nie gold gewesen.
sie borgte sich koffer
für jedweden zweck: das fasten, das mästen

& lumpbecke tage. ein lippenschurz drauf,
dass du zusehen durftest
(beim fasten, beim mästen) & dabei ertrankst.

an kirschfeldern: äpfel

sind das die tage,
die wachsen aus brauen:
apfelblüten, stiege, tumb.

die wachsen dir nach:
in mottgen suppe, herbgebramtes
& angeln im bassin

& wachsen dir fort:
die erdbeer, vergoren,
dein mund.

geräusche bei tisch

merze dir geräusche aus /
märz ist ein möglicher monat /
kerne essen sich alleine /
die tiefe des mundes zum tisch ist messbar /

milch ist zäher auszuputzen denn tee /
gräten essen wir zum frühstück /
wozu sonst wären die morgende da? /
für's schlecken an den rollläden?

marmelade

hypothese: alles, was sich mit marmelade füllen lässt,
                 hat runde formen.

these: obst = rund.
falsifizierung: die einmachgläser & die dichtungsringe
                 mit dem übrigen kreisförmigen wissen abgleichen.
conclusio: konfitüre & zucker als krümmung begreifen.

ein festbankett konservieren (gerben o. gefrieren)

vom schlachtfest warn wir kummer gewohnt:
du konservierst ein schwein am besten lebend.
ansonsten meint der fleischermeister:

I. gefrieren
wir aßen nur noch tiefkühlkost & tauten diese kaum noch auf.
wir friern vielmehr den hausstand ein
& kleben etiketten auf,
als hing davon ein zustand ab, den wir hätten essen können.

dem packeis die wärme entziehn & zögen wir die schichten ab,
die ersten häutchen wie klappläden.
pst, ich petz keinen gefrierbrand. wir reklamieren erfrierungen
immer sogleich & notieren voller akribie:

die beine sehen blau aus & sollten schwarz sein
& halten dem crushed ice nicht stand.
aber das packeis portioniert sich so schlecht

& das gerberstück ebenso wenig
& fische gefrieren immer zuletzt
– sie friern unter fäden & unter den schuppen.

II. gerben
zu heißes wasser aufzusetzen muss kein vorgang sein.
haut dient als klebstoff & wenn häute kochen,
gießen wir bloß noch das wasser darüber
& pökeln das fleisch

& flammen den strahler, wenn sonst nichts mehr brennt.
ein abwägen der schalter & der gradzahl war vonnöten
& über der flamme strukturen aus fleisch:
ein schließen der poren,

ein öffnen der poren & hornartges trocknen
& kochgares leder.
im ledern waren wir einfach gut.
wir gerben den rest noch & baun ihn uns ein.

III.
ich sag's ja: heut gibt es nur suppe,
die tischen wir jedem als festbankett auf
& friern uns die blutwurst fürs nächste jahr ein.

der kopfgeldjäger rät zu hälsen

I. prärie
der würger lässt dich unterm kinn versauern &
die summe
& die schnüre großer münder sind konstant

& speichelfäden liegen zwischen den seiten.
dem messer machst du da nichts vor:
der mund hat mehrere endungen.

II. saloon
die gehängten neigen einander die häupter,
als gehörten sie zu wem,
als wären sie ihren eignen hälsen fremd
& die hängenden entnehmen nur das nötigste:

die devotionalien. das kann ein gesicht sein
oder ein halskragen
oder der versuch eines solchen.
im abziehn der schwarte warn sie unnachahmlich,

im färben der pferde nicht minder
& erzählen kann man's in bierdeckeln.
bind dir den leibnam um
(sagen sie)

& andere geometrische figuren
(die hälse zum beispiel),
die sitzen dir in deiner halswirbelsäule
oder reiten auf farbigen tieren.

III. kittchen
uns liegt ein weigern in der brust,
sich den hals entnehmen zu lassen.
seltsame zeiten sind das.
das aufschneiden von pistolen dagegen …

III.
wir sehen nach dem rechten auf den oberflächen

vorhof, halbseiden

I.
an der brust hat's leck geschlagen. das ging mit rechten dingen zu.
wir klebten es, wir fügten es & zogen barrikaden auf.

das sind die gelehrigen dinge:
der atem gelehrig, der klebstoff gelehrig
& was wir herr über sind. bleiben tut nur die magengrube.
die bleibt & das beileibe.

II.
was du drüber deckst, du deckst es drüber.
du legst es zu & was zu legen ist, füllst du in decken.
es hat alles eine angst zu tun. was wir tun aus geliehnem.
was wir tun aus beständen der behelfssysteme.

das, was gut geht (wir huben sand aus & blutige mulden
– in lehm kam's mir plump vor –,
taun lösungsmittel auf, körpereignes material
& formaldehyd) & das, was klebt.

luftverarbeitende betriebe

was alles nur nass war, ein mäntelchen.
wir wollten dem atem ein feldtuch entwerfen
& sträubten das fieder beim balzen & kreideln

& schnitten, rasierten, markierten die stellen
& wuchs trotzdem nichts nach.
nun zählen wir im brei aus befunden die übrig gebliebenen tiere

& bilden daraus eine neue nahrungskette
(was du felle ziehn & fäden wechseln würdest)
&s formiern sich unterm gras die gesichtsteile neu.

lepra (zirkelschluss)

es lag ein stück lepra in den abgehangnen seiten der tierreste.
am zaun hing das, am zaun aus holz
& holz verfeuerten wir gestrig

& gestern erlagen wir der lepra & heute, heute singen wir davon:
von den seitensträngen, dem husten
& den vollgesognen tüchern & heute

ist der arzt ein versoffenes tier.
in fahrigen nächten erlagen wir
den mullbinden im verbandskasten

& binden waren ein tatbestand.
darauf setzten wir uns,
denn solange man saß, war graben keine option.

am rest der tiere zu reiben, verursacht abdrücke
& sprechen wir dir mantraartig vor:
‖: in den wunden munter bleiben :‖ & sagen: es lag ein stück lepra.

wackersteine im wams (aufbewahrungsverhältnisse)

das tieferreingraben & das härterrauswachsen:
der leib war ein brett & ist plötzlich ein wams
& ich nähe mir drahtkörbe ein

oder schubladen:
ist das dein gefäß für den letzten rest froschlaich,
den du hast auftreiben können?

was ich dich in tüten trüge
(als trüge ich kastanien),
ist als arbeit anzusehen.

ich trag ab jetzt pferdewagen im bauch
& bin ein behältnis & füll mich mit steinen
& schäle die rinden & wühle in mägen anderer rum.

wände zuschneiden

wann du mit eingenäht wurdest,
liegt zeiten zurück
& lässt sich kaum noch erzählen.

als der raum ausfranste & sich eben dort ballte,
wo sich stoffhaltig alles sammelt
samt überlappender besätze & fäden:

nichts unterschied ihn da mehr
von abgestandenen nähmaschinen auf werkbänken
oder vom aufgegangenen nahtgut.

dahinter ließ sich jedwedes verkleinern & begehen
& du hast trotzdem diese lecks
aus schlecht belüfteten metern auftrennen wollen.

dort warn's der räume so viele:
die garnrollen
& drähte lagen noch offen da

& eine der ebenen
trat an diese stelle,
die hebst du dir als saumstich für später auf.

schublade

wir wohnen in der obstschublade
& die motten fasten schon seit tagen.
bewohnen wir aufstehnde münder
& einen hohlen zahn

& machen urlaub auf knöpfen.
war ein knopf an jeder stelle.
den einen haben wir nicht gedrückt.
wir leben in mechanischen teilen im haar:

einem drahtkamm, einem kämmlein, einem zinklein
& tragen 'ne motte im maul & ein spänglein in der lade:
einfach öffnen & organschmiere rausholen.
wir sortieren uns das dann.

jeden tag ein häutchen öffnen (faustsche ausmaße)

I.
wir sehen nach dem rechten auf den oberflächen:
du trägst ein kleid unter den nägeln.
du machst es auf, du machst es zu.

du machst es auf, du machst es zu
& bedeckst es täglich neu
& jeden tag ein frisches laster.

II.
das kann alles nur ein abmachen bedeuten
& ein letztes enthüllen: wir entfernen die wandverkleidung,
die streben & ein abgehen vom jeweils neuem laminat.

das hätten wände sein können, das hätten häute sein können.
das können nur säulen tragen. wir schauen darunter,
wir graben darunter. wir wägen die pappe ab.

schau dir das an: wir malen die gauben neu auf
& hätt es der stein vermocht & der mörtel
& das pflügen geht jetzt gänzlich los; das pflügen beginnt

& kennzeichnet sich durch gründlichkeit.
den boden absuchen & disteln finden
& schachteln darunter & säfte.

fleischgeworden, ein figurenensemble

1. pers. sg.
ich wollte dir die scham belassen
& mehr als nur das nutzlose gebein;
dir lassen das lahmgeschabte wort

& mehr als die flusen
in den aufgeschwemmten teilen
der dir vorstehenden lidgerüste.

2. pers. sg.
du bist ein flacher bau geworden:
profunde blessuren & nicht mal 'ne fleischwunde.

3. pers. sg.
eine scheelbeerne, krummbeinge zunge,
bloß bruchgelegen. bloß altgesäß:
dieser ausfluss, schoßgesogen, ist selten zu beschönigen.
hilft's nur noch, sein geschlecht abzusondern.

1. pers. pl.
wir sammelten die letzten reste deiner hautpartikel,
um sie zu den krumen in die schachteln zu packen
& sie uns anschließend einzuflößen,
laut & gramgeführt.

2. pers. pl.
euch eint das fehlen des fußes
& der gelegenheit, damit zu prahlen
& eure vorrichtung dafür mehr als nur erahnen zu lassen.

3. pers. pl.
diese anleihen, die es braucht für einen makelsamen körper,
wärn zahlreich & die ersätze fehlgeschrotet:
schienen, gefäße & kabel zum beispiel.

was alles wenigstens abwaschbar wäre.
zum trocknen gelegt an den fluss & die schläuche.

inventar

du hast gerinnsel, hälse, male,
pflöcke, korken, rot geädert;
was warn das falten, marmorschale
kragen: da lehnt das letzte aus den händen.

was warn das hautbeschläge, fingerkuppen,
tagealben, linnentrunken
& dort am mundstück
nicht mehr als deine handvernähten lippen.

darjeeling könnte eine farbe sein

altgewaschen & ich bahre dich, teehäutern.
deine glieder sind getragen:
trägst trocken am simplen gestänge,
an eisen & salz.

formverfroren & ich salz dich, fahrig,
wasche mich mit deinem handtuch:
es sind die füße, die ich wasche,
deine knöcheltiefen füße.

folien

am bett, am zinkenen, das klebt, das klebt
ausgiebig.
was kleiner wird – & dieses nur –
sind die fugen.

das nimmt der tage jede folie,
die gingen in farben & merkten:
in den schiebern ziehn sich
zwei zu kleine schuhe aus

& bloße läufige räume lagen vor uns –
wir strichen sie an &
warn so wohlgewaschen,
als malten wir uralte tonfolgen auf.

mir kam's oft so vor,
als polierten wir kacheln,
wie man sie in fleischereien manchmal sieht.
da hab ich wohl was nicht bemerkt.

denn da war dir verräumtes. –– oh, wo bloß?
im kopf & hoch war's besoldet.
da füllten sich kästen & schrankwandbewöhntes
& straßen aus säcken in leinen & schrot.

IV.
was wohnt unterm lid?

ruh dich aus, mein flaumbesetzes tier
hab 'nen ort dafür gefunden

was wohnt unterm lid? was hat sich versteckt,
ist nicht mehr recht weiß, ist nicht mehr recht rot,
ist ein schwindelndes tier in wohlgewärmten innenseiten?

I.
unterm lid wohnt eine schwalbe
& ein stachel in tretsamen farben. ihr weingroßes köpfchen
& auch ihr bauch sind bloß ein loch,

da ändert selbst der stein nichts dran.
ergo lieber 'ne schwalbe unterm lid
als eine in der backe.

II.
die menge / die große, zähe masse
an unvorstellbarem: eine halbe herde.
die dinge fallen schwerer. wo? unterm lid

& den ganzen tag läuft brühe.
unterdes insekten zur untermiete einladen[1] &
sich mit mücken belohnen.

III.
ich wollte, wir brächten einander die fliegen
& einen stempel & 'nen siegel drauf,
auf dem stünde:
»das gefährliche leben von singvögeln in den augen anderer«.

---

1 ihr geräusch entspricht nicht dem leibumfang
  & der baum ist ein orchestergraben,
  die beine hölzern 'nen bogen zu spannen)
  & unterm lid fänd sich platz (provision ist hinterlegt).

die arche & das öhr
prämisse: alle tiere durch die öffnung eines nähwerkzeugs schicken

es waren schlanke tiere & klumpen auszumachen:
die dünnen & die flachen fische & zählbaren mikroben.

ja, das tun wir (punkt I): kleinstlebewesen verschiffen.
wir besticken die tiere bei überfahrt neu. wir besticken die felle
& nähen die beutel. das essen ist fädrich, wir flicken das heu
& fördern die tränke & alles läuft ein fließband entlang.

verladen erschwert sich im faible der fauna für haut & für krumen.
ach, ließen sich für nägel & krallen pixel einsetzen
& schlohgefieder. die letzten tiere brachten wir in ordnern an bord
& im alphabet das sortieren der federn & der schnabellehre.

das großwild (punkt II) mussten wir, so gut es geht, verkleinern:
die hände, die beine, den lose gewordenen torso.
sie gerieten unter die lupe &
unters mikroskop & wir warn alsbald bereit.

übrig blieben nur die präparate (punkt III).
die gehörten sortiert & waren's nicht. wir stechen halt nun mal in see.

angelspiele (da ging ein toter fischer um)

saß jemand & hat was mit borsten geködert,
der hatte an schnüren, der hatte an haken,
der hatte an ösen zuhauf.

wir wickelten uns derweil laich um die waden &
aßen das futter,
das keiner zum angeln für möglich gehalten

& richteten dembei die köderchen ab.
verwandten sie zweimal, verwandten sie dreimal
& löschten die farben ergebenerweise, bis sie wasserfördernd wurden.

beim fang warn's die gräten
& der leichnam des fischers lief mehrtägig um
samt seiner sammlung an fertiginsekten.

ertrinken geht immer
& lässt lungen kühlen
&s fällt dir beständig ein köder ins bild.

gesichtswaage

I.
du hältst dich auf der schaukel auf,
wir klopfen sie ab, die außenhaut
& die außenseite des sitzes
samt physik in den lüften dazwischen.

wir verarbeiten die lüfte schlecht
& verlagern den schwerpunkt im fall
& bleibt nur der druck auf die hautgebnen stellen,
da platzt's & am plötzlichen boden lag ein so dickes buch

& wir träumten vom tropf & der dresche
& hielten ein auge davor.

II.
wenn etwas sich tagtäglich öffnet, wie blütenkelche es tun,
dann entzündet sich's rasch. hast du den roggen gesehen?
da ist noch was zuenes übrig
& die koppel im schatten liegt lang.

III.
du schaffst neues körpermaterial, eine mischung aus schuppen
& haar, aus knete & lehm, aus sprotten & stippen.
wir machen eine trockenheit am boden liegend auf,
eine art »always on«,

der kopf, du meinst: nur ein auge müde
& wir malen ein zweites.
wir flechten, wir weben,
die kernmasse bleibt.

IV.
wie der kopf eines pferdes gespannt an den nüstern
(den könnte man wiegen),
so liegst du am boden der schaukel im gras.
der finger endet im knochen

(wie stets)
& du spannst dir den nüster gleich noch einmal auf
& schaust dir erneut beim verschlucken zu
& das nass auf der schaukel tropft früh.

ein sommerwo (fortsatz)

I.
du schleichst dämmrig durch den flur.
ein fußmarsch, sagst du & regen
(wie nylongegossen durch die äste,
sagst du).

II.
halmstiche hast du vom wandern
& birkensetzlinge sitzen
als linie
in deinem landschaftsmost.

die wege sind flussläufig geschnitten
(was hat es nur auf sich, so torfgestochen?)
& felder kentern in sehnigem hafer,
handverlesen stand der dir da

& über deine würgemale
liefen die schnäbel, so schief & galant,
als blieb dir dort käfergabelnd
was stehen, das singt:

dir gehen die fäden ab.
die lösen sich von genau diesem nylon
& der kopf ist eine halde
& doch riechst du nach fluss.

III.
das alles war im flur unbedingt so gewesen
(was das auge dir großporig vorfaltete),
& palisaden in schwalbenfarben
sind's trotzdem geblieben.

der körper klappt dir als leinwand zu.
nesselzurrig sind die waden dennoch
& bienengeladen
dein horchen nach draußen.

vor lauter wald das laub nicht mehr hüten

I.
der wald ist eine linie, darin hab ich dich einbrechen sehen

II.
& ist er mikado auf anfang & ist er ein kästchen,
möblier ihn! schon morgen wohnst du drin
& lass die füsse voller nadeln

& die kehlen voller honig & wir schwänzen kleebronnsweiler.
dressiern wir die füchse
& trinken wir den wiesenklee

III.
& nannten den wald ein seltsames vieh.
der baum frisst die böden & käfer
& in den äuglein der wind so flach
& ist er flach, ist er am waidsten.

zeigt sich hinterm geäst ein gehmuskel
am himmel & das leise vermögen,
einander den herbst zu versprechen:
das löst er sich ständig selbst von den knochen.

verzweigen wir uns in den kuppen deiner backen,
das gehänge steht tief, liegt tief. das entmannt dich
an der richtigen stelle im gesicht & in den ästen
& das verwachsen von zehen unterm laub.

IV.
ich kann den wald nicht wiederfinden.
du hattest füße aus gezweig & tageslicht
& die namen von tieren

& der wald war eine linie.
darin hab ich dich einbrechen sehen
& schnecken wachsen statt der frucht.

morgendämmerung

1. astronomisch
es gibt immer ein draußen & es könnte immer
    1.1 die firnis sein,
    1.2 das pech & die lichtarmen preschen,
        a) die streichen wir an,
        b) die tünchen wir auf.
falls wir *dann* noch nicht schlafen können,
singen wir hymnen auf den wechselstrom.

2. nautisch
das leugnen von farbe an bord einer nuss:
    2.1 nein, das ist nicht weiß;
    2.2 nein, das ist nicht weiß, das hast du dir träge
        a) als farbe gepinselt,
        b) als dämmrung gehortet,
        c) ein wort draus gefaltet
        d) & mastwärts gepinnt.
wenn die scholle kippt, merk ich's dir im bordbuch auf.

3. bürgerlich
beliebt ist: dem stand der himmelskörper was einschreiben.
wir zitieren das:
    1. mond, »mond« & andre grobflächige gesichter;
    2. makabere schafe & die nimmermüden zicklein;
    3. ich wollt eine farbe aus den wachsstiften streichen, partout:
        3.1 rot gibt es nicht
        3.2 & gelb gebenedeit.
taugt ein bild dazu? taugt nicht dazu.
stünde es schlecht ums licht,
gibt es – da besteh ich drauf – immer noch ein draußen.

reise um die welt, illustriert in der eigenen hand

die umseglung von allerkleinsten dingen:
gehisst & kontinente auf den fingern.
hör dir das beredte zeug an: wer streicht denn heute noch segel

& wie viele koffer kannst du bauen?
an den füßen ein mahlwerk & kartenmaterial
& ein mund aus briefmarken.

umzug

wir suchen 'ne kopfgroße wohnung im ort
& wohnten zuvor in den steinen am hang
& trugen wir fell, so war's nicht besonders
& molken wir vieh, so gehörte es uns.

nicht viel & wir schnitten die türen in äpfel,
nicht viel & wir sägten das fenster ins laub.
ich trug viel davon & zu tragen vermochten wir
steinobst & mäuse am zaumzeug aus unserem stall.

häuslebauen

wir bauen ein häuslein, ein beet voll gemüse
& tannen voll schnee. ein häuslein, ein häuslein
& dung in den beeten & schnee voll makaberen resten aus tier.
das häuslein ein galgen

& schnee voll gemüse & häuser voll schnee
& gemüse darauf.
wir baun 'ne scheuche für vögel & tannen
& pinkeln ins beet & so muten wir scheuchen gar wunderviel zu.

terpentin & pflaumenkerne
was, wär das hier wasserlöslich

was du behaust, ich glaub's nicht,
ist ein benetztes brunnenstück.

da hat ein trauen drauf gelegen,
das fällt im mörtel kaum noch auf.

was hätt sich da draus bauen lassen!
ein wackerstein z. bsp. oder fell für eine nacht.

rissig erst wie schrundenkerne,
löst sich dir das auf in kiefernöl.

V.
diese richtung, die klingt dir nach orten

leibenthoben

es herrschten verlockende bedingungen:
ich hab die geschichte in knete geschnitten &
münder warn offen & blank war der körper,
als schabte sich jemand die knete vom leib.

an puppen trug sich oft folgendes zu:
sie brockten sich mehr ein, als anständig war.
die masse, die knete & sittsam ihr beinkleid.
wir ertrugn's behaart & entblößten uns. schluss.

schnittmenge aus folklorenem

wir erlegten einst schnecken am nachmittag
& nächte später war selten was übrig,
das sich hätte zählen lassen.

wir lasen alles auf, wir sammelten alles ein
(ohne gehäuse, ohne getöse) & alles war nackt.
ein umstand, dem wir einst viel zu verdanken hatten.

was wir erbten, war nicht weniger als ein spektakel:
liedmaterial & selbstgebranntes.
davon hast du vertonungen anfertigen lassen.

erzählt wurd das einmal
& nochmals & wieder.
so manch einer trug das als brosche zur brust.

lass im schlaf den ginster stehen

vorm schlafen war's so: wir spannten laken durch katen
& zwecken hielten sie fest,
als sei das unhinderlich & gußeisern in abenddicken stücken.
es sind die schnür, die schnür, die zoten
– so hießen die spiele vorm gutnacht

& hausten wir sonst im nackten gehölz, in graubündnen möbeln
& dir im geäst, wo's abwechslungsweise leise wurde.
es fehlt auch an nichts, um sich schlafen zu legen:
lehnen konnten wir dort umsonst & beließen es dabei,
bis der schlaf hoch in die wangenknochen reichte.

der schlaf ist pauschal, doziertest du, kahl & selbstbezimmert,
wo sich's beschaulich kühlt auf ein grad.
darin liegt ein dicker band heiligengeschichten
& darüber die fromm gehaltene notiz
aus dem rosenkranz geschnitten, betend & nackt.

davon konnten wir ein lied singen, beschädigt zwar & müde,
aber das dunkel kam immer zu früh, zu früh,
als hätte es choloriert gehört & täuschte die farbe nur an.
die wahrheit stets zuletzt: die angst
vor zu viel zahnfleisch hat dich doch nicht schlafen lassen.

hänsel & gretel

wir rührten ein fass voller buttermilch an
& legten sie in die truhe vom dach. wir tranken davon.
die truhe war vaters erbstück gewesen, sie war teils verlebt
& noch hell unterm boden,

aber stell dir das vor:

wir gruben im holz dieser truhe den wald aus
& verliefen uns drin. dort aßen wir hungernd die füße vom reh
& tranken die letzten brocken der milch
& nahmen's als zeichen für die krumen nach haus.

dort war es dann so:

wir schenkten der bäckersfrau leber vom reh.
sie kostete geld & der rücken vom reh
war samt dieser truhe ein andenken
an unsren vater & sein knöchelchen tief unterm hof.

eisenhans

du erstelltest in folge 'ne fabelgeschichte.
sie erzählte von wiedergängern,
von wesen mit stäben als finger & kaum mehr einem auge,
dafür aber mutwilligen torsi aus bienenkörben

& ein paar märchen sonst noch:
wer sich das ausdenkt, wer sich die ausdruckt,
isst keine äpfel mehr.
höchstens noch kerne aus backenfarben.

du könntest parodien aufzähln,
die wachsen wie kraut aus dem bordstein,
die stäubn wie weißwarn (der müller dreht's rad)
& andere flausen, die mehren sich stetig & stetig in gold.

an dieser stelle (<u>link</u>) musst du großspurig tun
& wassergesichter machen, sonst war das alles umsonst:
das herausgeben von idyllen &
das schreiben vom särgchen & der drossel 'nen bart.

wässern // instant fisherman

fahrenheit, molen, die blanke & meer,
finister, das holzbrett &
chiemen & schlieren &
meterlang bergend, das fischwaide tau.[1]

unterdeck: melichtern,
nässt die pomade & schuhbrämatur[2] &
grind: du riechst nach kartoffeln[3] &
riechst liegendkrank.

das wasserbad, buchtig & bar bordgewogen
die waage voll fische[4], floßmuttern & eisenösen.

untertag: das kammerstück, ledern.
lampenluntrig & harsch deine haut[5] &
tücher auf so dürren lippen, übergoren.
ein lot nur. aborten.

---

1   ein see, der friert sich zu,
    dem mangelt's an fischen,
    die ahmen die kiemen
    an unterständen nur nach.
2   & andernwärts gegerbtes
3   nach trockenen töpfen
4   ein see, der friert sich zu,
    dem mangelt's an fischen,
    die ahmen die kiemen
    an unterständen nur nach.
5   flohbehangen

schnitterlied

wär's ein kaiser,
würd ich erbsen in die nasenlöcher stecken;
wär's ein schnitter,
würd ich brot kaun & am größten stück verrecken.

wär's ein bauer & sein mistvieh
in den prallen mittagseutern,
würd ich heu gar um mich schleudern
& die kuh in milch ertränken.

lockungen, der uhrenmann

honigmünder alt, becircen
dich in mollig kindertagen.
das macht müde, das lässt sinken,
das lässt milch & zimt dich tragen,

das beschwert die halben beine,
wäscheleinen, strumpfbehost.
wollne, leergetrunkne jahre:
keller, ausgeräumt, bemoost.

seifenkistenrennen

wir hatten nie benzin im tank, nur tannenzapfen
& eine strecke voller borsten.
die bruchgelegenen reifenschläuche aus den garagen
ergaben keinen reifen mehr, der hätte fahren können.

trugen wir wischblätter zusammen, alte lappen
& lampen für die einfassung.
wir verloren unsre ofengroßen helme,
da klebte noch dotter vom frühstück daran.

am glaubhaftesten im szenario waren die schrauben
& was uns fehlte allzeitüber, war empathie für asphalt.

lieder sind's, gebleckte

sie hat alles & den wunden mund:
salznarben, seifenkisten &
strichenes papier –
linksgewendet & verzeichnet.

sie hat noch mehr & rohbautne augen:
blumenblusen, möbeliert,
schmale tonwinkel
& diesen weißbandnen hals.

nun, sie hat alles: lose zeiten,
malt sich durch mit mattem zürn.
nur sind das pappne scheren
& nur ein schnitt & nur ein lied.

mäulchenapparat

in den morgenbahnen sprachversessne versionen
von dir schaffen, auf stoffballen schreiben
& auf blanke böden. lass die böden hart wienern
& komm nimmermehr.

diese binsenzählerei von wörtern
lässt sich von der stille kaum noch unterscheiden.
drum liest sich das lied hier profunde & kundig,
ist aber doch bloß methode. hier schweifen wir ab.

nachtschicht

früher trugen wir birnen auf tanzböden
& glitten auf der maische aus.
der club ist eine nachtanstalt: was du hier absteckst

& ableckst, ist alles nur zum tanzen da.
wir tanzten, bis die ersten körner fielen
& renkten uns wie bienenkästen

& selbst wenn seen entstehn in der mitte des raums
& schaumstoff, war tageslicht nicht vorgesehen
– wir würden's verwackeln.

du bekamst den bass nicht aus den pumps
& wir brauchten den bass.
wir führten derbe tänze am piano auf &

die schritte warn dick
& die schlehe, die wir tranken
& zahlten wir eingangs die anzahl der schritte am fuß.

die nägel warn früh schon farbgetrieben
& der zucker lag im haar.
wir massierten uns immer den zucker ins haar.

was musik den abend über
vom strom erzählt:
»bestimmt hab ich noch strom.«

verzolltes

I.
da lösen sich placken vom halternen sommer,
drin hatten wir sorgselig decken gelegt.

ich kümmerte mich um die patina (faltlos)
& fellige töne beherrschten dazu.

II.
es ist diese richtung, die klingt dir nach orten
& hat ihre richtung nicht halten können.

als wär's nur die handvoll von schildern gewesen &
ich verzollte diese dinge

III.
& zöge sich ein staubtuch übern lampenhelm drüber,
der liegt dir im freien & wittert dahin,

doch drunter sind's belege aus blatt,
eine stätte, die gleicht einem keller aufs haar.

IV.
eine seltsame kanne saß auf dem fensterbrett sorglos
& hätte lob verdient gehabt.

von dort aus sah man:
überschreibbare flächen & salate in den hinteren höfen.

klage

sei nicht kläglich, sei nicht mäklig, sag nur: wolltest du es so?
ist ein kröpfchen, ist ein zöpfchen & wir mühten uns nicht drum.
frag die kuh dort, frag die milch dort & wir kämmten sie uns ein.
in die haare, in die klage, in ein frühchen ende mai.

VI.
beim sortiern vom besteck

kopien vom mähen

du hast kopien vom mähen gemacht,
ordnungsfanaktiker, der du bist
& hast mir dabei schwierigkeiten eingehandelt:

sie handeln von obst & unbeholfenen orten,
die teilten wir in beschnittne gebiete
– durch linien, blau & rot & anämisch gleich.

da blieb nicht viel,
nicht viel an belohnenden ressourcen.
bis hierhin: wenn's noch langweiliger wäre,

schnitten wir es einfach raus
& fädelten es neu auf
– als koordinaten in den halmen.

zollstock

I // IV
vergleichsgrößen
gib mir das meßbesteck & 1 metermaß.
die elle & der handrücken erwiesen sich als zu kurz
für die durchmessung des schmalen tals &
den spreißel im nagel der sich auflösenden schuhe.
mehr kann man von einem körper nicht verlangen.

II // IV
äquivalenzprinzip
waren's die vielgeliehnen federkiele
& die knochenstäbe der schwalben
& ihre zaunartigen füße am mumifizierten körper.

nunmehr die stoffmenge zu bestimmen entfiel
aufgrund der fehlenden menge an stoff.
hätten andere einheiten für sein dürfen

(ein mumificient z. bsp.), waren's aber nicht.
ich bring das in form & in honig
& all das in flügelspann messend.

III // IV
beleuchtungssituationen
nur die lichter gelingen dir nicht.
sie scheinen in magergeliehenen (morgenfliehenden) fenstern,
dem fahllicht nicht unähnlich.

nur 1 licht, wo 2 hätten sein sollen.
nur 1 volt, wo sicherungskästen zu leihen waren.
das arrangement war wohlfeil rot.

ich sang davon, du löschtest bloß,
wir meinten es so bei 100 grad
& lehnten uns ans vorübergehen der farben

(dieses hellen. dieses dunkeln),
um alles feucht zu halten
(ein thermometer dazu) & die luft wurd dünn.

IV // IV
flügelaltäre (drei verpackungseinheiten)
in den dübeln, in den nägeln hielten wir uns
getreu an die gebrauchsanweisung des schreins:
da wächst was, was sag ich, das wächst unerlass
in den leibern am kreuz & im kreuzgang daselbst.

sortierbar ist das schon längst nicht mehr.
bliebe ein ödes abzählen,
nummeriert in den litern des weins
& den scheiben aus brot.

taggelötet

I.
ein wiesenkraut ist's als tapete:
die äste hiesig & sandnagner harz &
eine mähre, grasverschoben.

ein schnitter war's, eckern & jalousien
& kalkloses woben
stand's brachatmig da.

ein wiesenkraut ist's & wurzelgewächse
die biegen sich (gerten) &
fassen dich an.

II.
da war's klammgefaltet:
die kragen, die hemden,
drauf wachsen die flecken (lärchengerahmt).

der zwirn zog sich dicht an
& mengte den kammgarn
& war lochgestärkt.

als stuckknöpfe
dann noch am kleiderschrank lagen,
da trug die luft ein wams

& was zu stopfen war,
wurd maßgestickt.

III.
da war's pfluggerändert:
der abend, der fräst sich & schenkt schenkenfertig
den schutt an den mundsaum

& in magren bärten ist's ha! dir begegnet,
das sind die fassagen, die fahnden's replik,
die fahnden den liter, das leere abteil.

viehtrieb

du hast mir herbsttiere angedreht,
die bildeten gipfelträchtig eine herde –
alles andere haben die zäune versäumt
& diese beständigen gehege.

du hast mir kahlgeleckte (striemgetriebne) tiere aufgeschwatzt.[1]
hast sie samt lappen immer wieder säubern wollen,[2]
an den beinen reibend, gallenseife
(schrundweiße flecken blieben stehen).

[3]so bleibt mir mehr zeit & die gipfel samt ruh.
nur ist's so träge,
dieses schälen von obst
in den ausbleibenden weiden.

---

1 nachstehend sind sie samt namen verzeichnet
2 in schüben, mücken & larven wohnten dem bei
3 wie dem auch sei

schindeltage

I.
was sich verwächst: alles tut das.
dein mund macht tage auf & senngesichter.

II.
es lag so nahe, deine falten als flächen
auszubreiten, als landkartenmaß.

III.
die tage lang lagen wir & dachten,
die sense wäre des werkzeugs genug.

das müde an dir
war der scheit um die lider

& ging der tag sich später dunkeln,
als hätt sich der teer an dir geirrt.

IV.
nun liegst du taubenversehrt da
& läufst den batterien ähnlich aus.

wie oft so eine haut aufgehen kann,
ohne dass sie lose wird.

sommer. ortens.

eins. es liegt wie brillen über der stadt.
grafgeschaftet & gehöft: bräsam ein lidschlag &
verschläge, die gähnen jalousielamellen & morgenfliegen.

gekämmt die felder, zwei. der mohn sämt deine tage ein.
eisenstege, flußgebande & die mündung, die reißt dich tief an.
torenes war's: bleich & äsende mundgespinste.

die farne, das lose gewinde & waschzuber, köpfern,
die liegen am nachmittag unterhölzern.
dein gehen war ein grashalmiges. moosbroschürern war das. drei.

einfallswinkel & licht & das ganze zyklisch

jeder herbst ist der erste:
in einem hab ich nester aus den ästen genommen
& damit röcke aus bast gebaut.

in einem anderen herrschten wir über ausfallende tage:
ein säumen, ein gähnen,
bis selbst die seltenen stunden einander glichen.

er beginnt, wenn die reste gelegen sind & verschlissen,
mit bütteln aus regen & tageverwegnem,
wenn eine haltbare art von wind aufkommt.

er beginnt mit den ersten beschlagnahmungen,
die täuschen so früh farbe an,
als habe sich etwas an die enden der lichter gesetzt.

dreist wär's, würde er einmal jährlich stattfinden.
der gedanke daran stammt noch aus einer zeit,
da hat sich alles in waben einteilen lassen.

fehlersuche (den herbst einen ladevorgang nennen)

letzte mücken & pardon,
du beaufsichtigst hochstände,
halbverborgne stollen
& das bergen von fellresten.

bei klarer sicht herrscht freier blick auf die halme.
meint: meterlang halme & stängel
& diese große menge an feldmetaphorik.

  ein betuliches zwischenspiel:
  von diesen wegen, hügeln, reinen fluren führen
  die flusen zu den ästen & den palästen aus heu.
  dort ließen sich die amseln sämtliches ziehen

  (federn, schnäbel & die beine).
  das zückt sich leicht, das pflückt sich leicht
  das haarbekranzte zeug vom kopf.
  das kann doch nicht dein ernst sein.

auf dem hochsitz ist meilenweit keiner
außer berge von rüben,
erdschollen noch, die kletten & weben;

die letzten blühvorrichtungen nicht zu vergessen
(was blühn die bloß so blöde?).
ginge jetzt ein flimmern durchs bild –
was wir hier kippen, ist die elektronische fassung von herbst.

wir behalfen uns in formen

ein tableaugebilde, da webst du drauf
& sind's registerkarten.

klar sind das fäden, die du ziehst &
listen, auf denen das stand & gärte.

ein tableau voll von abgeschabtem
& verkantete scharniere lagen den akten bei.

ein scheuchen aus kästen
& koffer voll gemiedenem

& sind's diese klemmschienen,
du weißt schon, die, die begehbar waren.

da liegen wir also in nummerierter reihenfolge.
das hat sich immer schon bewährt.

was einem schemen gleichkommt

was zu wissen war, geht einfach durch
& lässt sich längshohlschuppend tragen
& was sich davon löst, sich überschreibend aufspannt,
kannst flechten für einsetzen.

was altes licht sich (schleißverfahrend) erzählt,
das tut es stets von hinten her
& was es diese orte sind,
das ist, was hier gefuhrwerkt sitzt.

tand, dem laufen die risse aus

I
das sind die gewichte,
die hängen in scheiben, die hängen an seilen
& ächzen ein zahnrad,
& heben die fahrstellnen seilschaften an.

II
das sind nur der filmspann,
der tonphon, die schamgroßen falten,
die takten die orgeln,
ein brom das in tassen

III
& stühlernes licht das
& luntrig
& dosen,
die handeln mit lerchen & schleh.

IV
ein bündner, ein blechner,
die laugen den brack aus, die lüften
& hängen die knaufnen posaunen
an dafür vorgesehne haken.

V
gefärbt: karawellen,
die trägt man sich vor,
ein kegel aus funk, da
vertont das gewinde, gebirgt sich & das

fossiles & das erreichen des fassungsvermögens

sachverwesungen in tassen & brot unter zierleisten –
das ist so schränken eigen: sich zu füllen & zu leeren
& am schluss möchte niemand das geschirr.

drum beziehst du das frisch & sortierst küchentücher
& warst nicht besonnen beim sortiern vom besteck:
das trug bärte, das trug brillen oder eiergroße beulen;

ein messerchen, scharf &
nichts war dir schüchterner als dieser löffel &
flach lag der teigschaber im tiefen näpfchen

& liebstöckelreste riechen danach.
damit ließ sich die wand einwandfrei tapezieren.
wir freun uns am pfänden jeder art von keramik

& das nicht beliehne, das zünden wir an.
selbst das kleingeschnittene aus der spülvorrichtung
zahlen wir uns testamentgenau aus.

sich kontuieren können

wir ziehn die linien wieder:
eine neue für die nase, eine weitere für das lid.
sind erprobte mechanismen. wir versichern dir's aufs neue:

zieh die linie in dein fleisch,
nimm den nagellack zu hilfe oder anderes besteck.
zwischen haut & welt liegt häutchen. nenn's verlogen:

in den bogen voller haut liegt die brave, zahme nadel.
schütt dir haar auf, knöpf dir zöpfe.
ist 'ne magre schnur dazwischen, feste pläne & das schutzblech.

fehlsichtig

I.
ich stell mir die bö als faltgroßes stück vor,
als breitwandne front
& verzögert im kleben.

II.
das wär dir in kleinteilen lieber, ich weiß doch,
aber glaub mir, das liegt an den linsen,
diese menge an großmoduliertem.

III.
hier hast du deinen körper nicht richtig vertäut
& hier ist die fläche dazu:
als ließe sie sich kurz & gekerbt gut skizzieren.

IV.
der arm trieb dir das in die beuge:
diese losen beiträge & die vielen parameter.
das konnten nur maßverstrebungen gewesen sein.

V.
in dieser lücke aus freistehner luft
eskalierten dir hälse & kälber
& nebenbei sind dir die endungen aus

Inhaltsverzeichnis

I. wenn's im mund also nach etwas riecht

II. das lecken beginnt mit dem fahrschein

V. diese richtung, die klingt dir nach orten

VI. beim sortiern vom besteck